人力资源社会保障部
技工教育“十四五”规划

中国劳动社会保障出版社

图书在版编目(CIP)数据

人力资源社会保障部技工教育“十四五”规划/人力资源社会保障部编. -- 北京：中国劳动社会保障出版社，2021

ISBN 978-7-5167-5203-6

Ⅰ.①人…　Ⅱ.①人…　Ⅲ.①技术教育-五年计划-中国-2021-2025　Ⅳ.①G719.2

中国版本图书馆 CIP 数据核字(2021)第 243364 号

中国劳动社会保障出版社出版发行

(北京市惠新东街 1 号　邮政编码：100029)

*

三河市华骏印务包装有限公司印刷装订　　新华书店经销

880 毫米×1230 毫米　32 开本　1.125 印张　11 千字

2021 年 12 月第 1 版　　2023 年 8 月第 2 次印刷

定价：6.00 元

营销中心电话：400-606-6496

出版社网址：http://www.class.com.cn

目　录

人力资源社会保障部关于印发技工教育“十四五”规划的通知

人社部发〔2021〕86号

各省、自治区、直辖市及新疆生产建设兵团人力资源社会保障厅（局）：

为深入贯彻习近平总书记关于大力发展技工教育的重要指示精神，落实中共中央办公厅、国务院办公厅印发的《关于推动现代职业教育高质量发展的意见》，推进技工教育高质量发展，根据《人力资源和社会保障事业发展“十四五”规划》要求，我部组织制定了《技工教育“十四五”规划》。现印发给你们，请结合实际，认真贯彻执行。

人力资源社会保障部

2021 年 11 月 5 日

技工教育“十四五”规划

大力发展技工教育，扩大高技能人才培养规模，提高人才培养质量，对加快构建技能型社会、促进更加充分更高质量就业、推动经济高质量发展具有重要作用。本规划深入贯彻习近平总书记关于大力发展技工教育的重要指示精神，落实中共中央办公厅、国务院办公厅印发的《关于推动现代职业教育高质量发展的意见》，提出“十四五”期间技工教育发展的总体要求，明确主要目标和重点任务，是推动技工教育高质量发展的指导文件。

一、发展环境

党中央、国务院高度重视技能人才工作，要求大力发展技工教育，办好技工院校。“十三五”时期，各级人力资源社会保障部门深入贯彻党中央、国务院决策部署，坚持改革创新，攻坚克难，推动技工教育发展。技工院校高技能人才培养和职业技能培训规模逐步扩大。截至2020年底，全国有技工院校2 423所（其中技师学院496所），在校生395.5万人，每年面向社会开展职业培训超过400万人次。脱贫攻坚期间，全国技工院校累计招收建档立卡贫困家庭子女超36万人。技工教育办学质量及社会影响力不断提升。

“十四五”时期，我国将开启全面建设社会主义现代化国家新征程，党和国家高度重视技工教育，经济社会发展对高素质技能人才具有广泛需求，为技工教育发展提供了良好机遇和广阔空间。与此同时，技工教育仍面临困难挑战。技能人才培养规模和质量需要进一步加强，发展不平衡问题比较突出。技工教育必须围绕国家重大战略部署，瞄准科技革命、产业变革和促进就业需求，从已有条件和自身特点出发，科学规划，深化改革，创新发展，加快技能人才培养，满足高质量发展需求。

二、总体要求

（一）指导思想

以习近平新时代中国特色社会主义思想为指导，深入贯彻党的十九大及十九届二中、三中、四中、五中全会精神，落实党中央、国务院决策部署，坚持党的领导，坚持正确办学方向，坚持立德树人，以促进就业创业、服务企业行业、服务经济高质量发展为目标，深化技工院校改革，推进办学模式创新，加强高技能人才和能工巧匠培养，注重德技并修、多元办学、校企合作、提质培优，实现创新发展，建设现代技术工人培养体系，培养德智体美劳全面发展的社会主义建设者和接班人，为全面建设社会主义现代化国家提供高素质技能人才支撑。

（二）主要目标

到 2025 年，基本形成技工教育体系更加完善、布局更加合理、特色更加突出、技能人才培养规模和质量更加契合经济社会发展需要的良好局面。技工院校发展成为开展学制教育和职业培训服务技能人才成长的重要平台、现代职业教育体系的重要组成、构建技能型社会建设的重要依托。技工教育办学模式更加成型，专业设置、课程开发和教材建设更加符合企业需求，人才培养质量稳步提升，毕业生就业率稳定在较高水平，面向社会开展学制教育、职业培训、公共实训、技能评价、竞赛集训、就业服务、创业孵化等技能人才全方位服务。技工教育吸引力和人才培养质量显著提高，服务实施新时代人才强国战略的功能进一步增强。

专栏1："十四五"时期主要指标

指标	2025年
1. 在校生规模（万人）	>360
2. 毕业生就业率（%）	>97
3. 培养培训高技能人才（万人）	>［200］
4. 面向企业职工和就业重点群体开展职业技能培训（万人次）	>［2 000］

注：［ ］内为五年累计数。

三、推进全面落实立德树人根本任务

（三）加强党的全面领导

以习近平新时代中国特色社会主义思想为

指导，以习近平总书记关于技能人才的重要指示武装头脑、指导实践、推动工作。加强技工院校党组织建设，促进学校各级党组织组织力全面提升。充分发挥党组织在技工院校的领导核心和政治核心作用，牢牢把握学校意识形态工作领导权，将党建工作与学校事业发展同部署、同落实、同考评。依靠工会、共青团、妇联、关工委、社区以及相关社会团体，与院校所在地的党政机关、企事业单位、部队等建立紧密联系，协同推进加强学校党建工作，以高质量党建引领学校发展。

（四）加强思想政治教育

坚持为党育人为国育才，把立德树人作为检验学校一切工作的根本标准。提高思想政治理论课质量和实效，深入推进习近平新时代中国特色社会主义思想进教材、进课堂、进头脑。将思想政治理论课作为立德树人关键课程，同时加强其他课程思想政治建设，实现思想政治教育、知识传授、技能培养融合统一。开齐开足开好思想政治理论课，引导学生树立正确的世界观、人生观、价值观。做好思想政治、语文、历史三科统编教材使用。加强技工院校思想政治理论课师资队伍建设，遴选30个左右技工教育思想政治理论课师资研修基地。深入推进法治、国家安全、生态文明和国防教育。

（五）突出综合素质和通用能力培养

弘扬劳模精神、劳动精神和工匠精神，把劳动教育纳入公共课必修课程，加强学生劳动实践和实习实训。将劳动素养纳入学生综合素质评价体系，把劳动素养评价结果作为评优评先的重要参考。以实习实训课为主要载体开展劳动教育，其中劳模精神、劳动精神、工匠精神专题教育不少于每学年16学时。鼓励院校与企业等社会团体合作，共建共享劳动教育实践基地。按照国家课程方案和课程标准，开足开齐体育、美育课程，规范开展心理健康教育和服务。

四、切实提高高技能人才培养能力

（六）完善技工院校高技能人才培养体系

加强规划引导，推动形成技师学院、高级技工学校、技工学校梯次发展、有序衔接、布局合理的技工教育体系。技师学院是优化技工教育结构和培育大国工匠、能工巧匠的重要载体，重点培养技师、预备技师、高级工等高技能人才。高级技工学校主要承担高级工、中级工培养任务，技工学校主要承担中级工培养任务。修订技工院校设置标准，完善晋级和退出机制。落实技工院校实施学制教育和职业培训并举的法定职责，组织开展第二轮职业训练院建设试点，拓展评价鉴定、职业技能等级认定、公共实训、技能竞赛、师资研修、就业服务等功能，为技能人才成长提供全方位多层次服务。

专栏 2：优质技工院校建设计划

1. 以技师学院为重点，在全国遴选 300 所左右优质技工院校、500 个左右优质专业，发挥优质院校和优质专业示范引领和辐射带动作用，打造技工教育特色品牌。

2. 支持依托优质技工院校建设国家级、省市级高技能人才培训基地、公共实训基地、世界技能大赛集训基地，承办国家级、省级技能大师工作室带头人交流活动，举办区域或行业高技能人才研修交流活动。

3. 引导优质技工院校积极参与教育强国推进工程，建设高水平、专业化产教融合实训基地，中央预算内投资按规定予以支持。

（七）巩固招生规模

面向应往届初高中毕业生、企业职工等各类群体组织开展招生工作。积极推进技工院校纳入职业教育统一招生平台，多举措多渠道扩大技工院校招收高中毕业生、退役军人、脱贫家庭新成长劳动力和农村转移劳动力。组织有技能提升需求的未就业高校毕业生就读技工院校。鼓励各地发挥基层就业服务站作用，广泛利用网站、微信等各种渠道资源，做好招生宣传，进行生源摸底，抓好报名动员组织等工作。坚持线上招生和线下招生多措并举，发挥多种招生渠道优势。规范招生秩序，定期清理并对外公开招生资质。将技工院校年度招生工作纳入人力资源和社会保障事业发展计划，加大组织落实和调度工作力度。

（八）全面开展职业技能培训

组织技工院校全方位参与职业技能提升行动各类培训计划，承担培训任务，开展补贴性培训和市场化社会培训，不断扩大培训规模，提升培训质量，按规定落实培训补贴。引导技工院校普遍设立企业培训工作站，开展职业培训包示范培训和订单定岗定向培训企业职工技能提升。突出高技能实训特色，重点围绕高精尖缺职业（工种），面向企业职工和高校毕业生等就业重点群体提供高端技能培训。加强新兴产业、智能制造、现代服务业等领域职业技能培训。针对承担职业培训任务较重的技工院校，在原总量基础上及时核增所需绩效工资总量。允许技工院校将一定比例的培训收入纳入学校公用经费，教师培训工作量可按一定比例折算成全日制学生培养工作量。完善技工院校绩效工资分配激励机制，进一步落实单位内部分配自主权。

（九）实施企业新型学徒培养计划

大力开展中国特色企业新型学徒制培训，面向企业职工开放技工院校一年以上非全日制学籍注册通道。依托校企深度合作的技师学院，联合产业龙头企业、行业头部企业建设产业学院。探索推行弹性学制，通过工学交替、校企双师联合培养高级工、预备技师和技师。依托技工院校创建或与企业共建技能大师工作室、组织技师研修交流、校企联合开展科技攻关和技术革新项目等方式合作培养培训高技能人才。聚焦新产业、新技术、新职业发展方向，开展企业技师培养培训。

（十）推进职业技能等级认定工作

在技工院校全面推行职业技能评价，支持帮助学生获取职业资格证书或职业技能等级证书。支持技工院校依托合作企业为学生提供职业技能等级认定服务。经人力资源社会保障部门备案，将具备条件的技工院校培育为社会培训评价机构，面向各类就业群体提供培训评价服务，按规定颁发职业技能等级证书。支持技工院校学生通过参加各级各类职业技能竞赛，获得职业技能等级证书。

五、大力加强校企合作

（十一）支持企业等各方面力量举办技工教育

发挥市场机制作用，鼓励社会各方面力量兴办技工教育。发挥龙头企业、大型企业重要办学主体作用，积极推动企业和优质技工院校多元主体组建技工教育集团。对于确需移交的行业、企业办技工院校，各级人力资源社会保障部门要积极创造条件做好接管工作。大力支持民办技工院校发展，鼓励各类办学主体通过独资、合资、合作等多种形式举办民办技工院校。探索发展股份制、混合所有制技工院校。推动技工院校在企业设立实习实训基地、企业在技工院校建设培训基地。

（十二）持续拓展校企合作形式和内容

主动吸纳行业企业深度参与技工院校专业规划、课程设置、教材开发、教学实施，合作共建新专业、开发新课程、开展订单培养。搭建校企合作平台，促进院校人才培养与企业用人需求紧密结合。指导技工院校推进专业设置与产业需求对接，课程内容与职业标准对接，教学过程与工作过程对接。促进校企共同招生招工、共商专业规划、共议课程开发、共组师资队伍、共创培养模式、共建实习基地、共搭管理平台、共评培养质量，形成“人才共有、过程共管、成果共享、责任共担”的校企合作办学制度。

（十三）推动校企合作服务职工技能提升

鼓励引企驻校、引校进企、校企一体等方式，带动各类企业参与校企合作。鼓励技工院校与企业联合开发优质教育资源，推动发展“互联网+教育培训”模式。鼓励技工院校与企业共同组织开展基于工作场所的学习活动，积极为企业提供知识讲座、课程资源开发、技术辅导等服务，以多种形式参与企业培训机构的建设。支持企业接收学生实习实训，引导企业按岗位总量的一定比例设立学徒岗位。鼓励技工院校的院系与企业车间、班组结对子，建立校企合作的学习团队，通过多种教育培训服务供给，为职工提供终身技能提升服务。

专栏 3：校企合作引领计划

1. 积极探索组建区域性、行业性等多类型技工教育联盟，打造 100 个左右技工教育联盟（集团）。

2. 编制技工院校校企合作指南，推广汇编典型案例和优秀经验。结合职业技能竞赛等交流活动搭建校企合作对接平台。

3. 支持集团化办学、引企入校、企业办学等多种校企合作模式，加强对参与举办技工教育的大中型企业的服务指导，支持打造产教融合型企业。

4. 把校企合作成效作为评价技工院校办学质量的重要内容，纳入技工院校评价体系，对校企合作成效显著的院校在相关项目建设方面予以倾斜和支持。

六、推进技工教育高质量协调发展

（十四）优化区域发展布局

优化区域资源配置，推动部省共建，持续深化技工教育东西部协作。引导支持产业和人口集中度较高地区建好办好技师学院，结合实际，在地级城市及经济发达县市建好技工院校。实施国家乡村振兴重点帮扶地区职业技能提升工程，聚焦国家乡村振兴重点帮扶地区，综合考虑大型特大型易地扶贫搬迁安置区技能培训需求，支持提升一批技工院校和职业培训机构，培育一批劳务技能品牌，培养一批高技能人才，办好全国乡村振兴技能大赛，更好发挥对培训的引领带动作用。健全人社领域常态化帮扶机制，加大东西部职业技能开发对口协作力度，对西藏、南疆四地州等地技工院校予以重点帮扶。

专栏4：技工教育援助帮扶计划

1. 聚焦国家乡村振兴重点帮扶地区，综合考虑大型特大型易地扶贫搬迁安置区技能培训需求，支持生源数量较充足、具备发展技工教育条件地区，依托现有资源，新建、改（扩）建100个左右技工院校和职业培训机构。

2. 加强对口帮扶，统筹推动西藏建立起1+6技工教育体系（即西藏技师学院+6个地市技工院校或分校、教学点）。

3. 以南疆四地州为重点，加大技工教育对口援疆力度，在“一县一技校”基础上，持续提升办学实力，实现“一校一特色专业”。

（十五）加强专业建设、课程开发、教学教研和理论研究

加强专业建设和教学改革，完善修订技工院校专业目录并实行动态调整。支持和引导各地技工院校建设一批符合国家战略需要、与当地主导产业发展相匹配的特色专业。紧密对接产业升级和技术变革趋势，优先发展先进制造、新能源、新材料、现代农业、现代信息技术、生物技术、人工智能等产业需要的一批新兴专

业，加快建设护理、康养、家政等一批人才紧缺的专业，改造升级钢铁冶金、化工医药、建筑工程、轻纺制造等一批传统专业，撤并淘汰供给过剩、就业率低、职业岗位消失的专业，鼓励学校开设更多紧缺的、符合市场需求的专业，形成紧密对接产业链、创新链的专业体系。构建以国家技能人才培养标准、公共课课程标准、大类通用专业课课程标准、专业课程规范及专业教学标准等组成的技工教育教学标准体系。加快技能人才培养标准和一体化课程规范开发。充分发挥各级教研机构作用，加强教研机构建设，加大研究工作力度，加强课程开发。做好技工教育理论研究，及时总结技工教育办学规律和人才培养模式。组织优秀教研成果展示交流活动，汇编推广技工教育优秀教研科研成果。

（十六）加强教材管理和开发

强化教材建设国家事权，贯彻党和国家教材工作总体要求和《职业院校教材管理办法》，落实《技工院校教材管理工作实施细则》。推进技能人才培养标准、专业教学标准和教材建设紧密结合，丰富教材品种和形式、提高质量。实施教材开发更新和使用推进计划，重点做好一体化教材和世赛成果转化教材开发。认真执行部颁教学标准，完善规划教材目录，加强教材宣传和使用情况检查督导。

（十七）深化就业创业服务

加强技工院校与公共就业和人力资源服务机构、用人单位合作，共同组织开展招聘会、就业创业指导等多样化服务。按规定落实在就业、参加机关企事业单位招聘等方面与普通学校毕业生同等对待的要求。完善全国技工院校毕业证书查询系统，推动与有关部门间信息互联互认。推动技工院校毕业生按规定享受就业创业、参军入伍等相关政策，中级工班、高级工班、预备技师（技师）班毕业生按规定分别按照中专、大专、本科学历落实职称评审、事业单位公开招聘等有关政策。加强创业创新培训师资培养，推动技工院校创业创新培训。鼓励各地支持有条件的技工院校建立创业孵化基地等创业服务载体。定期举办全国技工院校学生创业创新大赛，鼓励技工院校师生积极参与中国创翼等各类创业创新大赛。

（十八）强化一体化师资队伍建设

推进技工院校教师职称制度改革，把师德师风作为评价教师队伍素质的第一标准并贯穿教师管理全过程。会同有关部门制定一体化教师标准，完善教师招聘、专业技术职务评聘和绩效考核标准。技工院校可在教职工总额中安排一定比例或者通过流动岗位等形式，用于面向社会和企业聘用高技能人才等担任兼职教师。技工院校公开招聘生产实习指导教师时，岗位所需条件可设置为专科毕业生或技工院校高级工班毕业生、大学本科毕业生或预备技师（技师）班毕业生。对优秀高技能人才，可按照国家有关规定直接通过考察的方式公开招聘到技工院校与所获技能奖项相关的岗位任教。

专栏 5：技工教育质量提升计划

1. 组建全国技工教育和职业培训教学指导委员会，开发大类通用专业课课程标准和主体专业课程规范。加大技工院校公共课课程改革创新力度，扩大通用职业素质课程实验范围。开发遴选技能人才培养标准和课程规范，推进工学一体化教学改革。

2. 推进优质教材和数字资源共建共享，加大新专业、新职业教材开发力度，规范教材编写、审核和使用管理。推动世界技能大赛标准和成果转化。开发、遴选 1 500 种左右技工教育规划教材。

3. 建设全国统一的技工教育数字资源服务平台，加快技工教育网建设与发展，促进共建共享。遴选 100 所左右技工教

续表

育数字化资源建设与应用优秀院校。 4. 实施一体化师资专项培训计划，扩大技工院校网络师资研修覆盖范围，分级打造师德高尚、技艺精湛、育人水平高超的教学名师、专业带头人、青年骨干教师等高层次人才队伍。遴选50个左右一体化师资研修基地，构建技工院校师资研修平台。定期举办全国技工院校教师职业能力大赛。

（十九）规范各项基础管理工作

修订技工院校学生学籍管理办法，实行全日制和非全日制学籍分类注册管理的制度并加强监督管理。调整改版技工院校毕业证书，将中级工班、高级工班、预备技师（技师）班等信息在毕业证书上予以明确体现，为毕业生各项政策待遇落实提供支持。鼓励有条件的地区探索弹性学制、学分制管理，支持学生积极参加社会实践、创业创新、竞赛活动。健全学校招生管理、教学管理、实习管理等内部管理制度。建立完善技工院校学生资助管理工作体系，健全学生资助管理机构，提高规范化管理水平。加强学生心理素质教育，积极推进校园文化建设和网络安全管理。加强安全教育宣传，完善联防联控和安全应急管理机制。完善学生实习管理制度，进一步规范学生实习管理工作。积极探索实习生参加工伤保险办法，加快发展学生实习实训责任保险和人身意外伤害保险，严禁向学生违规收取实习实训费用，加强学生实习权益保障。

七、保障措施

（二十）加强组织领导

各级人力资源社会保障部门要认真贯彻落实党中央、国务院部署要求，高度重视本规划的组织实施。要依据本规划，结合实际条件，细化具体任务目标和推进措施，有序推进规划落实。充分依托人才工作领导小组、就业工作领导小组、职业教育联席会议等工作领导机制，协调加大技工教育整体领导支持力度，确保完成本地区规划任务。

（二十一）密切协调合作

各地要从产业发展、经济社会建设的总体要求出发，将技工教育发展纳入本地区“十四五”经济社会发展的总体规划，统一筹划，合理布局，协调实施。要加强与发改、财政、教育等部门及行业企业的协调配合，整合各类相关社会资源，调动各方面积极性，形成社会合力，共同推进技工教育改革发展。

（二十二）优化发展环境

认真贯彻《中华人民共和国职业教育法》，切实落实《关于提高技术工人待遇的意见》，畅通高技能人才与专业技术人才职业发展通道。强化工资收入分配的技能价值激励导向。挖掘宣传基层和一线技能人才成长成才，通过辛勤劳动过上幸福美好生活的典型事迹，深入开展世界青年技能日、职业教育活动周、“技能中国行”等主题宣传，弘扬劳动光荣、技能宝贵、创造伟大的时代风尚和精益求精的敬业风气。

（二十三）落实监督指导

各级人力资源社会保障部门要强化主体责任，层层压实责任，完善规划实施情况监测、评估和绩效考核机制，实行动态跟踪指导，定期组织检查评估。定期总结规划实施工作，推广先进经验，认真研究规划实施过程中出现的情况和问题，调整完善政策措施，抓好任务落实。